Der Frühling, der mein Leben verändert hat

Der Frühling, der mein Leben verändert hat

Viki Paunovic

Impressum

Copyright: http://www.mybestseller.com
Jahr: 2020

ISBN: 9789403611723

Lektorat/ Korrektorat: Dr. Karin Gilmore
Illustrationen: Viki Paunovic
Covergestaltung: Viki Paunovic

Verlagsportal: http://www.mybestseller.com
Gedruckt in Deutschland

Die Deutsche Nationalbibliothek verzeichnet diese Publikation in der Deutschen Nationalbibliografie (falls zwei Pflichtexemplare an die DNB geschickt werden!).

Inhaltsverzeichnis

Auf dem Weg

Ich gehöre zu den Glücklichen, die noch arbeiten dürfen,
aber mich plagen die Gedanken über die Ungewissheit.
Wenn ich nur wüsste, was mich heute erwartet!
Ich rufe mir die bekannten Gesichter ins Gedächtnis,
in der Hoffnung, dass sich seit gestern nichts geändert hat.

Ich schaue wieder auf die Uhr und denke:
Die paar Minuten kann ich noch sitzen bleiben.
Die Bilder ziehen wie ein Film durch meinen Kopf:
die Kollegen und alle die fröhlichen Gesichter,
die sich freuen, dass wir alle wieder da sind.

Ich habe bereits im Internet nachgeschaut,
ob ich über uns etwas finden kann;
ich fand nichts. Ein gutes Zeichen?
Gott sei Dank, seufzte ich erleichtert,
aber blitzschnell kam mir schon der nächste Gedanke:
Hoffentlich ist in der Zwischenzeit nichts passiert.
Die Uhr tickt und erinnert mich daran,
dass ich mich auf den Weg machen sollte.

Corona-Frühling

Ich wachte auf, schaute aus dem Fenster und
betrachtete die Bäume im Nachbargarten.
Irgendwie habe ich die Magnolienblüte verpasst;
vielleicht wurde auch die Magnolie,
wie die Menschen da draußen,
von einer unsichtbaren Gefahr erfasst,
die an ihren Ästen nur noch
verwelkte Blumen zurückließ.

Ich frage mich:
Woran habe ich die ganze Zeit gedacht?
Was könnte passiert sein,
das mich ihre wunderschönen Blüten übersehen ließ?
Der Frühling ist gekommen,
aber nicht der, den wir kennen.
Ein anderer Frühling kam und
brachte eine unsichtbare Gefahr mit,
die überall heimtückisch auf uns lauerte.
In der Hoffnung, ihr entgehen zu können,
haben wir uns in unseren vier Wänden verkrochen.
Die Zeit ist offensichtlich nicht stehen geblieben,
sie hat ihre Spuren auch im Nachbargarten hinterlassen.

Das Versteck

Ich bleibe auf dem schmalen Weg stehen,
schaue den steilen Hügel hinunter,
wo bis vor Kurzem noch Tannenbäume standen,
und denke an den breiten Schatten,
der mit ihnen für immer verschwunden ist.

Auf dem Hügel scheint fröhlich die Sonne,
Schlingpflanzen bedecken den Boden
und machen den Versuch unmöglich,
über den Hügel hinunter zum Wasser zu gelangen.

Es scheint so, als würde die Natur
die Wasserquelle vor uns verstecken wollen.
Sie wurde von Bäumen und von den Brenneseln,
die dazwischen wuchsen umrandet.

Nur die Sonne war in der Lage,
das Versteck zum Vorschein zu bringen,
und konnte ein Schattenspiel
auf die grüne Wasseroberfläche malen.

Die Bachgabelung

Wie jedes Jahr suchte ich Frühlingsblumen am Rande des Waldes.
Dieses Jahr war ich spät dran, der Frühling war schon fortgeschritten,
aber aus irgendeinem Grund musste ich dieses Ritual vollziehen und
so befand ich mich im Wald – im Schatten unter der Eiche.

Das Gras reichte mir bis zu den Knien und die Feuerblumen
zogen meine Blicke magisch an, aber ich wollte sie nicht pflücken;
ich bewunderte sie lieber aus dem kühlen Schatten und
genoss sitzend den blumigen Duft des Frühlings.

Der grüne Moosteppich breitete sich über den ganzen Hügel aus und
Baumwurzeln reichten bis zu dem kleinen Bach,
der flink über die Steine floss.
Für eine Brücke war er zu klein und zu groß, um über ihn zu springen;
um ihn zu überqueren, reichten ein paar große Steine.

In unmittelbarer Nähe kreuzten sich die Hügel;
dort entstand eine sonnige Lichtung, wo der Bach sich gabelte
und an der Kreuzung Unmengen von Fernkraut wachsen ließ.
Ein riesiger Stein lag in der Mitte der kleinen Oase und bot genug Platz,
um sich in der Sonne vorm Rest der Welt zu verstecken.

Wenn mich jemand fragen würde, wie ich mir das Paradies vorstelle,
dann würde ich eindeutig sagen: genau so wie diesen Ort –
umgeben von Bäumen, in strahlendem Sonnenschein,
mit erholsamer Ruhe und Wasserrauschen,
das von Vogelgesang begleitet wird.

Der Fluss

Die Wärme des glatten Steins
brannte unter meinen Füßen,
während ich auf der kleinen Sandinsel im Fluss stand
und atemlos die gewaltigen Bergrutsch beobachtete, der einen steilen Pfad von der Bergspitze bis zum Tal hinterließ.

Das Wasser war klar und hatte
die grüne Farbe der Berge angenommen.
Sobald es über die Steine im Fluss floss,
verwandelte es sich in weißen Schaum.

Ich setzte mich in den heißen Sand,
streckte die Füße ins Wasser
und begann, mit den großen Zehen
Kreise auf der Oberfläche zu zeichnen.

In der Luft über dem Berg kreisten die Adler,
der Wald begann zu flüstern,
der Verkehrslärm trat in den Hintergrund,
der Vogelgesang und die Ruhe der Natur fesselten mich,
das starke Gefühl der Glückseligkeit erfüllte mich.

Hier bin ich angekommen,
hier bin ich zu Hause,
hier bin ich keine Fremde mehr!

Der Tag der Arbeit

Das Wetter ist heute so schön
und schreit förmlich: Komm raus!
Trotzdem bleibe ich frierend auf meinem Platz sitzen
und lasse meinen Blick über die Bäume im Nachbargarten gleiten.

Ich sehe die Sonnenstrahlen in den Ästen,
die kleinen Wolken, die am blauen Himmel vorbeiziehen,
das moosbedeckte Dach der Gartenhüte
und den vom nächtlichen Regen nassen Boden.

Wieder einmal keine Menschenseele in Sicht.
Es ist eine seltsame Stille, die da draußen herrscht,
obwohl die Ausgangssperre aufgehoben wurde,
und ich weiß nicht, was ich davon halten soll.

Andererseits verstehe ich das vollkommen.
Wer soll sich freuen und wem ist nach Feiern zumute,
wenn Hunderttausende keine Arbeit mehr haben?
Wer weiß, wann sie wieder eine finden?

Ich spüre, wie ich eine Gänsehaut bekomme,
und den Schauer, der mir über den Rücken läuft;
ich versuche, ihn abzuschütteln, es gelingt mir aber nicht;
ich werde heute die Sicherheit vorziehen und hier sitzen bleiben.

Der Traum

Barfuß stehe ich inmitten einer grünen Wiese;
ich senke den Blick und betrachte das Wasser,
wie es langsam über meine Füße aufsteigt.
Verwirrt hebe ich den Fuß hoch und sehe,
wie das Wasser von der weißen Haut herunter tropft.

Wie kommt das Wasser auf die grüne Wiese?
Es sieht so aus, als würde es aus der Erde quellen.
Ich hebe den Kopf auf und mir verschlägt es den Atem.

Eine atemberaubend grüne Kulisse umgibt mich.
Der Wasserfall gleitet über die von Moos bedeckte Felswand,
bevor er tanzend in tausend Tropfen und
in allen Regenbogenfarben auf dem Boden landet.

Überwältigt von dieser Schönheit drehe ich mich
mit ausgestreckten Armen langsam im Kreis,
während die Sonne die Wassertropfen in strahlende Perlen verwandelt,
die wie ein Hauch von Engelsfedern auf meinem Gesicht landen.
Plötzlich meldet sich meine innere Uhr,
ich wache auf – in der Dunkelheit.

Der Umzug

Ich bin so kraftlos,
den Kopf kann ich kaum noch heben,
sogar das Denken überfordert mich.
Ich habe das Gefühl,
die Leere bringt mich um,
obwohl sie noch da ist.

Wie ein Geist wandere ich durch die Wohnung,
ich gehe ein paar Schritte, drehe mich um,
dann bleibe ich wieder stehen.
Ich möchte unbedingt etwas tun!

Nur was? Ich kann keinen Gedanken mehr fassen.
Mir ist klar, dass ich mich für sie freuen sollte.
Ich weiß, sie ist erwachsen und
es ist an der Zeit, loszulassen.
Das kann ich aber nicht;
der Schmerz ist zu groß
und ihre Freude überwältigend.

Die Freundschaft

Die Nachmittagssonne überstrahlte die ganze Sportanlage
und ließ sie in vollem Glanz erscheinen.
An einem großen eckigen Tisch saßen bekannte Gesichter
und erzählten, wie immer, fast die gleichen Geschichten.

Die zwei französischen Schäferhunde sprangen auf,
um uns zu beschnuppern und zu begrüßen.
Der ältere blieb bei uns, begleitete uns bis zum Tisch,
der andere rannte weg und kam mit einem Ball zurück.

Er rannte um mich herum, blieb vor mir stehen,
schaute mich mit seinen großen Augen an,
während wir uns weiter dem Tisch näherten,
voller Hoffnung, dass wir ein wenig mit ihm spielen.

Wir nahmen zwei Sessel vom anderen Tisch und
schlossen uns der bekannten Gesellschaft an;
während die Hunde uns nicht von der Seite wichen,
achteten wir ständig darauf, den erlaubten Abstand einzuhalten.

Der alte Schäferhund legte sich in voller Länge auf der Wiese,
während der junge dicht neben mir blieb und
mich dauernd mit seiner Schnauze an stupste,
ohne den Ball dabei fallen zu lassen.

Ich konnte seinem bettelnden Blick nicht standhalten,
während er vor lauter Freude den Ball fallen ließ.
Ich hob den Ball auf, warf ihn ein paar Mal, ohne aufzustehen,
und ich spürte mit jedem Wurf, wie unsere Freundschaft wuchs.

Die Stärke

Ich habe nie gelernt,
meine Gefühle offen zu zeigen.
Es wurde mir nur beigebracht,
stark zu sein,
unter keinen Umständen
Schwäche zu zeigen!
Man brachte mir bei:
glücklich zu sein,
mich anzupassen,
mit Kritik umzugehen,
mich im Griff zu haben,
alles für mich zu behalten,
mit Problemen
alleine zurechtzukommen und
die Angst mit niemandem zu teilen.
Man hat dabei nur eines vergessen:
mir den Preis
für diese Stärke zu verraten.

Die Trauerfeier

Ich befinde mich an einem unbekannten Ort,
in der Dunkelheit, wo beängstigende Stille herrscht.
Mich überkommt das Gefühl, am falschen Ort zu sein.
Durch die Dunkelheit teilt mir eine Stimme etwas mit;
ich strenge mich an, trotzdem kann ich nichts verstehen.

Mein Bauchgefühl sagt mir:
Du musst weg, hier bist du nicht sicher.
Es läuft alles falsch. Du musst weg!
Die Gefahr kann ich nicht erkennen,
aber ich fühle ihre unmittelbare Nähe.

Ich versuche, mich zu orientieren, um zu fliehen,
aber leider gelingt es mir nicht;
ich höre leise Stimmen, die sich unterhalten,
möchte die Richtung erraten,
aus der sie kommen, und ihnen folgen.

Durch einen schmalen Spalt dringt schwaches Licht;
ich laufe in die Richtung, versuche das Licht zu erreichen.
Überrascht bemerke ich vor mir drei schwarz gekleidete Damen.
Plötzlich kann ich alles verstehen;
ich verstehe, dass sie mich einladen, ihnen zu folgen.

Eine Tür geht langsam auf und wir betreten den Raum.
In der Mitte des Raums steht ein großer ovaler Tisch,
rundherum stehen schwarz gekleidete Menschen;
anscheinend findet hier eine Feierlichkeit statt,
aber die Musik ist nirgendwo zu sehen.

Im schwachen Licht glänzt der Mahagonitisch.
Es ist nichts aufgedeckt; ich setze mich zum Tisch,
da bemerke ich die Bouquets auf den Sitzplätzen
und mir steigt langsam Weihrauch in die Nase.

Ich nehme ein Bouquet vom Tisch,
eines mit Buchsbaum und Schneeglocken,
senke den Kopf zu den Schneeglocken,
atme den Duft tief ein und denke dabei
an meinen Vater.

Donauschlinge

Mein Blick wandert über die grüne Wasseroberfläche der Donau.
Ich kann mich nicht erinnern, dass dieser Fluss
jemals eine so schöne Farbe hatte;
solange ich mich erinnern kann, war er immer erdfarben,
hatte die gleiche Farbe des Bodens nach einem langen Regentag.

Die Donau, die mir immer eine unerklärliche Angst eingejagt hat,
verwandelte sich in eine Oase der Ruhe und lockte viele Menschen an,
die still an ihrem Ufer saßen und die Herrin der Flüsse bewunderten,
oder sie spazierten in kleinen Gruppen über die Promenade.

Am anderen Ufer konnte man vereinzelt Radfahrer sehen,
sonst sah man nur die Bäume, wie sie in der Sonne strahlten.
Das Gras am Ufer war so grün, fast wie die Wasseroberfläche, und
wie sie zusammen den Berg umarmten, ergab ein wunderschönes Bild.

Die Jachten blieben alle immer noch im Hafen,
man hätte denken können, sie trauten sich nicht, die Ruhe zu stören,
obwohl der Sommer schon im Anmarsch war.
Corona brachte leere Hotels und Frieden in den Hafen.

Ein neuer Tag

Es ist immer noch finster,
trotzdem mache ich die Augen auf
und zwinge mich, aufzustehen,
was mich Mühe kostet.

Ich werfe einen Blick auf die andere Seite des Bettes:
Gott sei Dank, er schläft ruhig weiter.
Ich habe gar nicht bemerkt, wie er sich niedergelegt hat.
Gestern war, wieder einmal, eine lange Nacht.

Ich gehe aus dem Zimmer und mache die Tür hinter mir zu.
Schwaches Licht dringt durchs Fenster,
ein Blick in den Hof reicht mir, um zu sehen,
dass eine leblose Dämmerung eingetroffen ist.

Es herrscht weiter tote Stille;
nur die Kirschblüten erinnern mich daran,
dass der Frühling da ist.

Ich versuche, meine Gedanken zu sortieren,
aber irgendwie gelingt es mir nicht richtig.
Ein Gedanke lässt mich nicht los:
dass dieser Frühling gerade Geschichte schreibt.

Freiheit

Wieder mal wandere ich über die Felder und bin auf der Suche,
kann mich aber nicht wirklich erinnern, wonach ich suche.

Der Boden ist trocken und der Weg unter meinen Füßen staubig.
Links von mir ein kaputter Zaun, am Boden liegt die frische Ernte.
Komisch, denke ich, sie haben die Kartoffeln über Nacht liegen lassen.
Auf den zweiten Blick erkenne ich, dass Ingwer am Boden liegt.
Das kann nicht sein, wir haben doch keinen Ingwer! Wo bin ich?

Ich hob den Kopf, schaute mich um und sah die vertraute Umgebung.
Der kleine Bach mit den Trauerweiden am Ufer
zieht still durch die Felder,
während die Häuser und deren Bewohner im Schlaf träumen.
Im Mondlicht unter dem sternlosen Himmel zeigt sich der Feldweg;
ruhig und von Frieden erfasst setze ich meine Suche fort.

Vor mir erscheint ein riesiges Gebäude,
wie hoch es ist, kann ich nicht erkennen;
mein Gefühl, dass ich angekommen bin, verstärkt sich.

Ich muss nur die breite Treppe bis zum Eingang hinaufgehen,
wo bereits die Empfangsdamen auf mich warten.
Aber welche wartet auf mich?
Es stehen mehrere Türen zur Auswahl und sie sind alle offen.
Wenn ich nur wüsste, welche Tür die richtige ist.

Ich erinnere mich, dass sie alle gestern beschriftet waren;
leider finde ich die Aufschriften nicht mehr.

Sie müssen aber irgendwo da versteckt sein!
Vergeblich versuche ich, mich zu erinnern, wo der Hinweis war.
Ich weiß genau, dass ich angekommen bin;
leider kann ich nicht hinein,
da ich vergessen habe, wohin ich gehen soll.

Frau Martha

Ich betrete das Zimmer
und die alte Dame begrüßt mich
mit einem strahlenden Lächeln im Gesicht.
Ich spüre, wie sich mein Herz mit Wärme füllt
und wie mir langsam die Tränen in die Augen steigen.
Mit beiden Händen greift sie nach mir, um mich zu umarmen,
aber ich weiche ihr schnell aus.
Am liebsten würde ich sie, wie ein kleines Kind, fest drücken,
leider darf ich das nicht, stattdessen lächle ich sie an,
aber sie kann das Lächeln unter der Maske nicht sehen.
Trotzdem ist sie glücklich und ich bin so froh,
dass sie von der Außenwelt nichts mitbekommt
und ihre kleine Welt noch heil ist.
Ich werde mir Mühe geben,
dass es weiter so bleibt!

Frau Avril

Ich höre die Alarmglocke und gehe nachsehen.
Es liegen überall Fotos und Zeitungen am Boden,
ein paar alte Brillen und CDs liegen am Tisch,
daneben sitzt Frau Avril zitternd und weint.

„Schauen Sie bitte, was hier passiert ist!
Kaum drehe ich mich um, sind sie schon da,
durchwühlen alles und schmeißen alles auf den Boden.
Sehen Sie selber. So was kann man doch nicht machen!"

Ich nehme das Blatt, das sie mir in die Hand drückt;
schon auf den ersten Blick erkenne ich ihre Schrift.
Die wegen ihrer Parkinson-Erkrankung kaum lesbare Schrift
zieht sich schräg über das Papier.

Manche Wörter sind kaum leserlich,
weil sie während des Schreibens
die Richtung nicht mehr halten konnte.
Ich versuche, zu entziffern, was da steht,
aber die Worte ergeben keinen Sinn.

Sanft versuche ich, ihr zu erklären, dass das ihre Schrift ist
und dass wegen des Besuchsverbots niemand hereinkommen kann.
Sie weint weiter, beklagt sich, dass ich sie nicht verstehen will,
obwohl das Blatt eindeutig beweist, dass jemand da war,
der das aufgeschrieben und das Chaos hinterlassen hat,
nur um sie zu ärgern.

„Ihr seid alle gegen mich, niemand sagt mir etwas.
Ja, ja, die Ärztin sagt das Gleiche. Alle sind gegen mich!
Ich spüre es, aber ich bin doch nicht verrückt.
Ich weiß, was ich sehe und was ich brauche.
Was sollen mir die Ärzte oder das Krankenhaus bringen?
Ich bleibe sowieso nicht dort, keiner kann mich zwingen!

Schauen Sie bitte nur die Geschichte von gestern.
Es ist eine Frechheit, mehr kann man nicht dazu sagen.
Ich habe es nur gut gemeint und keiner hat mich verstanden:
Ich hatte ein paar Eier übrig und wollte eine Eierspeise haben.
Die Schwester war nett, kann man nichts dagegen sagen,
sie hat mir eine Omelette gemacht und gebracht.
Aber was ist so schlimm daran,
dass ich sie vor die Nachbartüre gestellt habe?
Ich wollte doch nur den Hund füttern.

Sie hat sie mitgenommen und weggeworfen
und behauptet, die Nachbarin hätte keinen Hund.
Dann sagte sie noch dazu, die Frau wäre fast blind,
könnte ausrutschen und sich verletzen.
Ich bin doch nicht blöd, ich habe den Hund bellen gehört!

Genauso sehe ich, wie die Leute im Gang spazieren,
über mich reden, mich auslachen und
mit dem Finger auf mich zeigen.
Ich bilde mir das doch nicht ein!"

Frau Maya

Es ist ein Sonntag, der langsam zu Ende geht;
alle haben sich bereits zurückgezogen,
die Nachtruhe breitet sich über dem Heim aus,
nimmt das Tagesgeschehen mit in die Dunkelheit
und führt die alten Seelen in einen erholsamen Schlaf.

Das Personal trifft die letzten Vorbereitungen
für den nächsten Tag, als eine Tür aufgeht.
Ich schaue nach und sehe, wie die 95-jährige Frau Maya
langsam aus ihrem Zimmer herauskommt.
Sie hält eine Salatschüssel in der Hand.
Ich eile ihr entgegen, frage sie, ob es ihr nicht geschmeckt hat
und ob sie etwas anderes zu essen haben möchte.

„Nein, schauen Sie mal, das Essen gehört mir gar nicht!
Es gehört der Nachbarin und bevor Sie was sagen,
ja, ich weiß, sie ist gar nicht da" – was auch stimmt.
„Ja, ich weiß, heute ist Sonntag und
sie ist bei ihrem Freund zu Besuch, wie es sich gehört.
Greifen Sie die Schüssel doch einmal an",
hält sie mir die Wurstsalatschüssel hin.
„Es ist eiskalt, so kann man das nicht essen!"

„Frau Maya", sage ich sanft,
„Wurstsalat kann man nicht warm essen,
der wird immer kalt gegessen."
Respektvoll lächelt sie mich an und sagt:
„Was? Das ist doch kein Wurstsalat,
sehen Sie selber. Es ist nur Mehl."

Die grauen Haare umrahmen ihr hübsches Gesicht,
die weit aufgerissenen blauen Augen, voller Vertrauen,
schauen mich fragend und ein wenig verwirrt an.

Ich nehme ihr die Salatschüssel aus der Hand,
greife ihr liebevoll unter den Arm,
um sie zurück ins Zimmer zu begleiten, und sage zu ihr:
„Frau Maya, lassen Sie uns die Schüssel auf den Tisch hinstellen.
Bis Ihre Nachbarin wieder da ist, wird es wieder warm sein
und dann kann man es auch essen."
Sie nickt zustimmend,
ein Lächeln erstrahlt ihr ganzes Gesicht
und wir gehen langsam zurück in ihr Zimmer.

Frau June

Schon den ganzen Vormittag sitzt Frau June beim Tisch,
mit voller Hingabe blättert sie die Tageszeitung durch.
Es scheint so, als würde sie die Zeitung lesen.
Dass sie die ganzen Nachrichten über Covid-19 versteht,
wage ich, nach ihrem Gesichtsausdruck zu urteilen,
langsam zu bezweifeln.

Ich setze mich zu ihr und frage sie, wie es ihr geht.
Mit einem Lächeln im Gesicht und weit aufgerissenen Augen
sagt sie: „Wissen Sie, es geht mir seelisch nicht gut.
Ich habe Kummer, ich sitze hier die ganze Zeit,
statt mich zu beeilen. Meine Tochter kommt zurück aus der Schule.
Es ist niemand zu Hause und ich muss für sie kochen."

„Wie alt ist Ihre Tochter, Frau June?", frage ich höflich.
„Sie ist achtzehn", antwortet die 95-Jährige.
„Wissen Sie, Frau June, ich habe auch eine Tochter.
Sie ist einundzwanzig Jahre alt."
„Wie schön", lächelt sie verständnisvoll,
während sie wieder nach der Zeitung greift.

Fremde

Ich wandere gerne durch die Vergangenheit,
besuche all die Orte, die mich geprägt haben,
erinnere mich gerne an die Träume, die ich einst hatte,
und überlege, ob manche von ihnen in Erfüllung gegangen sind.

Ich wurde in einer Heimat geboren, die ausradiert wurde,
als hätte es sie nie gegeben, obwohl all die Orte noch da sind,
mit dem Unterschied, dass sie alle zu Geisterorten geworden sind.
Es wird nicht mehr lange dauern, bis sie genauso ausgelöscht werden.

Der kleine Wildbach, an dem ich als Kind viele Stunden verbracht habe,
geriet in Vergessenheit und verwandelte sich in einen Morast.
Die wunderschön gepflegte Wasserquelle verschwand unter den Eichen,
sie wurde unsichtbar für Menschenaugen
und ist nur noch für Wildtiere zugänglich.

Ich könnte den ganzen Tag weinen und laut schreien,
aber es wird nichts bringen, es wird niemanden geben,
der mich hören kann oder in der Lage ist,
Leben in das öde Land zurückzubringen.

Alles, was ich in der alten Heimat kannte oder liebte,
ist mir fremd geworden und in der neuen Heimat
bin ich nach Jahrzehnten immer noch eine Fremde.

Genau so wie damals

Heute Nacht habe ich von dem Bach aus meiner Kindheit geträumt.
Ich stand an seinem Ufer und betrachtete das Wasser,
wie es über die Steine und Baumäste zur Gabelung eilte.
Ein schmaler, steiler Weg führte über den Bach zur Wasserquelle.
Um ans andere Ufer zu gelangen, musste man springen.
Der Pfad war steil, der Boden rutschig und mit Moos bedeckt.

Ich sprang, um auf die andere Seite zu kommen,
rutschte aus und landete mit meinen weißen Laufschuhen im Wasser.
Oh mein Gott! Das konnte ich gar nicht gebrauchen! Mist!
Als der Schrecken nachließ, wurde mir bewusst,
dass meine Füße komischerweise trocken geblieben waren,
da ich schnell genug reagiert hatte und rausgesprungen war.

Durch den Eichenwald erreichte ich die gut versteckte Kapelle;
eigentlich war es ein Springbrunnen, der wie eine Kapelle aussah.
An heißen Sommertagen nutzten wir jede Gelegenheit,
um hierher zu kommen und im Schatten der hundertjährigen Eiche
ungestört zu spielen.

Das Steinplateau war von den Sonnenstrahlen so aufgeheizt,
dass man barfuß darauf nicht mehr stehen konnte,
aber wir spritzten ständig Wasser auf den Stein,
um den dabei entstehenden kleinen Regenbogen bewundern zu können.
Heute Nacht sah ich meine Schwestern, die sich – wie damals –
gegenseitig mit Wasser bespritzten, während sie auf mich warteten,
und ich beobachtete sie aus meinem Versteck – genau so wie damals.

Helden des Tages

Koste es, was es wolle!
Wie Helden wurden wir alle gefeiert.

Die Verkäufer, die uns zur Seite standen
und uns versicherten,
dass wir in dieser schweren Zeit
gut versorgt sein werden.
Man dankte ihnen mit einem Bonus.

Die Polizisten,
unsere treuen Ordnungshüter,
die alles überwachten und
unter Kontrolle hielten.
Man dankte ihnen mit einem Bonus.

Alle, die aus dem Ausland
als Unterstützung für unseren Liebsten
eingereist sind oder eingeflogen wurden.
Man dankte ihnen mit einem Bonus.

Alle, die für uns da waren,
die uns betreuten, pflegten und mit uns litten,
die an uns dachten,
die auf eigene Familie vergaßen
und die ihr Leben in Gefahr brachten.
Man dankte ihnen mit einem Applaus.

Ich weinte ...

Ich weinte,
als sie geboren wurde.

Ich weinte,
als ich sie in den Armen hielt
und mich fragte,
ob ich in der Lage sein würde,
ihr ein Leben
mit einer Zukunft zu bieten.

Ich weinte,
während sie heranwuchs
und mit ihr
auch mein Versagen.

Ich weinte,
als sie mir sagte,
dass es immer
nur um mich ginge
und ich ihr ihre Zukunft vereitelte.

Ich weinte,
als sie auszog,
in eine unsichere Zukunft.

Ich weinte,
bis ich keine Träne
mehr übrig hatte,
weil sie sich
nicht mehr beschützen ließ.

In der Mittagspause

Ich bin wieder das Kind, das auf dem trockenen Laub saß.
Auf meinem Rücken spürte ich eine Brise,
während meine Füße auf den Baumwurzeln tanzten.

In der Hand hielt ich einen Zweig,
der von der Eiche heruntergefallen war,
während die Sonne versuchte, durch die Äste hin durchzukommen
und mir, die auf der Laubdecke saß, ein wenig Wärme zu spenden.

Bewundernd betrachte ich den Hang bis zur Wasserquelle,
atme den Herbstduft,
der sich mit dem Duft der Weintrauben vermischt,
so tief ein, wie ich nur kann.

Es ist alles so still.
Man kann leicht in Vergessenheit geraten,
wie die Blätter, die langsam auf die Wasseroberfläche fallen,
bis sie irgendwann am Ufer in den Ästen hängen blieben,
während der Bach weiter durch das Tal zieht.
Die Sehnsucht ist groß und die Zukunft ungewiss.

Maiglöckchen

Es ist ein warmer Frühlingstag und
die Sonne steht kurz vor dem Untergang.
Ich sitze auf einem schmalen Feldweg
mitten auf einer Lichtung,
auf einer Seite von Pflaumenbäumen umgeben,
auf der anderen von einem Eichenwald.

Ich bewundere das grüne Gras,
den Pflaumenbaum in volle Blüte,
den Löwenzahn, wie er die Wiese bemalt hat,
und beobachte, wie die Schafe friedlich
in einem kleinen Tal am Waldrand weiden.

Alleine mit den Schafen hier in der Natur
denke ich an die Geschichte,
die mir meine Mutter gestern vorgelesen hat,
über den Jungen, der für seine Mutter zum Muttertag
Maiglöckchen suchte, und
ich kann deren Duft förmlich riechen.

Ich fragte mich, ob ich auch welche finden werde,
wenn ich den Hügel bis zum Bach hinuntergehe.
Mir ist klar, hier werde ich sie nicht finden,
weil sie bei uns im Garten wachsen.
Ich strecke meine Hand aus und
pflücke ein paar Veilchen für meine Mutter.

Manchmal

Manchmal möchte ich die Welt retten,
der Gesellschaft die Augen öffnen,
sie dazu bringen,
die Zukunft abzuwarten und
die Gegenwart nicht überspringen zu wollen.

Wenn ich der Gegenwart entfliehen möchte,
dann denke ich manchmal an die Zukunft,
ob wir überhaupt eine haben werden, oder
ist die Gegenwart alles, was wir haben können?

Manchmal möchte ich gehört werden,
ohne die ganze Zeit schreien zu müssen.
Wenn wir eine Zukunft haben wollen,
dann müssen wir zuerst die Gegenwart überstehen.

Wir kriechen bereits alle am Boden,
versuchen, aufzustehen,
wir stolpern immer öfter und fallen immer tiefer.

Während wir uns derart plagen und leiden,
hören wir immer öfter die Stimmen der Götter,
die uns überzeugen, dass der Weg den wir gehen,
der richtige Weg ist.
Der Weg, den wir miteinander gehen,
wird uns in unsere Zukunft führen.

Manchmal wünsche ich mir,
die Götter könnten die Welt mit unseren Augen sehen,
uns die Hände reichen, dass wir wieder aufstehen,
um unseren gemeinsamen Weg zu Ende gehen zu können,
statt uns aufzufordern, die Welt mit ihren Augen zu betrachten.

Wir liegen bereits alle am Boden,
unsere Blicke reichen nur bis zu ihren Füßen.
Wie sollen wir noch den Kopf heben,
ohne uns das Genick zu brechen,
um die Welt mit ihren Augen sehen zu können?

Unter all den Göttern gibt es einen Gott,
der noch zu jung und zu schwach ist,
aber eines Tages wird er stark genug sein, um aufzustehen.

Er wird dann aufstehen und euch alle verraten,
und er wird uns die Hände reichen,
dass wir ihm folgen können,
hoffentlich in eine Zukunft,
die auch unsere Zukunft sein wird.

Opa

Mit einem Anruf wurde ich wieder in meine Kindheit versetzt.
Das Gesicht meines Großvaters war greifbar nahe vor mir,
sein strahlendes Lächeln ließ mir die Tränen in die Augen steigen
und ich konnte kein Wort mehr am Telefon verstehen,
außer: Er war ein herzensguter Mensch.

Mein Opa hielt wie immer ein Bier in einer Hand
und in der anderen eine Zigarette, die langsam verglimmt.
Er redete nie viel, trank sein Bier, rauchte seine Zigarette,
strahlte über beide Ohren und war glücklich, bei uns sein zu dürfen.

Im Schatten der alten Linde war die Zeit stehen geblieben.
Die Nachmittagshitze zwang alle, im Schatten zu bleiben,
und wir Kinder genossen die Gesellschaft der Erwachsenen;
besonders freuten wir uns, mit Opa Zeit zu verbringen,
ihm zu zeigen, was wir alles in der Zwischenzeit gelernt hatten,
während er begeistert klatschte und so tat, als wäre es etwas Neues.

Er kam nicht oft zu Besuch,
da meine Mutter ihn nicht gern bei uns hatte.
Sie möchte nicht, dass er trank, wie sie immer sagte,
aber sie hat sich nicht getraut, den wahren Grund auszusprechen;
die Angst, ihn zu verlieren, war noch größer, weil sie außer ihm
nur eine Schwester hatte, mit der sie damals keinen Kontakt pflegte.
Die Wahrheit war: Sie gab ihm die Schuld am Tod ihrer Mutter,
die viel zu jung an Tuberkulose verstorben war.

Obwohl er das genau wusste, beklagte er sich nie, sondern besuchte uns nur dann, wenn sie ihn bei uns haben wollte.
Er kam, als hätte er nur darauf gewartet, eingeladen zu werden, und brachte uns immer die schönsten Geschenke mit.
Das Ritual wiederholte sich,
bis er während eines Besuchs bei meiner Mutter starb.

Rapsfeld

Gibt es etwas Schöneres als diesen Moment?
Über dem blühenden Rapsfeld scheint die Sonne
und lässt den Duft noch intensiver werden,
sodass man ihn von Weitem riechen kann.

Keine Menschenseele weit und breit,
als wäre die Zeit stehen geblieben.
Ich kann meinen Blick nicht von dem Feld abwenden,
bleibe sitzen und genieße den Moment.

Im Schatten der Trauerweide
lasse ich meine Seele baumeln.
Ich fühle, wie sich meine Lunge mit Luft füllt,
während die Ruhe in meine Adern zurückkehrt.

Regentag

Ich warte, dass es zu regnen aufhört.
Seit Tagen ist es so trüb, kein einziger Lichtstrahl;
so weit das Auge reicht, sieht man nur den grauen Himmel und
den eiskalten Wind, der jeden auspeitscht,
der sich aus dem Haus traut.

Mir ist so kalt und ich zittere ständig,
schalte die Heizung ein, ziehe mich wärmer an,
nehme mir ein Buch und versuche, zu lesen;
es klappt nicht, ich kann mich nicht konzentrieren,
meine Gedanken zerren mich wieder zurück in die Gegenwart.
Ich schaue durchs Fenster und sehe - wieder einmal - den Regen.

Ich drehe mich um, schalte den Fernseher ein,
aber da sind dauernd die gleichen Leute zu sehen,
die seit Wochen die gleichen Geschichten erzählen,
die kein Mensch mehr sehen oder hören will;
am liebsten würden wir „Maßnahmen" und „Abstand halten"
aus dem Wörterbuch streichen und vergessen.
Nur geht das leider nicht und es wird auch nicht besser.
Ich merke, wie mir der Regen, wenn er noch länger anhält,
mit jeder Minute und weiteren Tropfen meine ganze Energie raubt.

Roboter

Ich betrete – wie immer vorsichtig – den Raum,
um Frau Lotte nicht aufzuwecken,
aber sie sitzt bereits am Tisch und wartet auf mich.
Statt Karten zu spielen, wie sie es jeden Tag tut,
schaut sie nachdenklich zum Fenster hinaus.

Als sie mich bemerkt, richtet sie den Blick zu mir und fragt:
„Ist es wahr, dass wir einen Roboter bekommen?
Seit die Kinder mich angerufen haben,
weil sie es in der Nachrichten gehört haben,
kann ich an nichts anderes mehr denken.
Wenn es wahr ist, frage ich mich: Was soll es bringen?
Ich bin schon so alt und ich lasse mich
mit Sicherheit nicht von ihm pflegen!"

Die Angst steht ihr ins Gesicht geschrieben.
Die vergangenen Wochen sind auch an ihr
nicht spurlos vorübergegangen,
obwohl sie versucht, es geschickt zu verbergen,
aber ihre zitternden Hände verraten sie.

„Frau Lotte, Sie wissen doch, wie das vonstattengeht.
Veränderungen kommen nicht von heute auf morgen.
Es stimmt, was die Nachrichten sagen, aber der Roboter wird
mit Sicherheit nicht gleich in der Pflege eingesetzt.

Ich kann mir auch nicht vorstellen, ihn gleich in der Pflege zu sehen
oder wie er demente Patienten betreuen soll,
und genauso wenig, wie Sie auf ihn reagieren werden.
Eins ist sicher: Sie brauchen sich deswegen keine Sorgen machen,
es wird Ihnen sicher nichts passieren."

Der Roboter kommt, stellt sich vor und verschwindet wieder.

Unruhe

Seit Tagen liegt eine bedrückende Unruhe in der Luft.
Sie ist überall zu spüren, wo Menschen sich begegnen.
Man sieht, dass die Autofahrer hektischer geworden sind,
dass die Leute misstrauisch kleine Gruppen bilden,
sogar die Kinder schauen keinen mehr an,
sondern laufen weg, sobald man sie anschaut.

Ich gehe weiter und merke, wie ich immer schneller werde;
die Musik in meinen Ohren kann mich nicht mehr entspannen.
Normalerweise hilft sie mir immer, meine Gedanken zu ordnen,
den Kopf frei zu bekommen,
die Natur und die Menschen wahrzunehmen;
diesmal ist es aber anders.
Ich spüre überall die Angst und Unruhe,
laufe schneller und versuche, jedem aus dem Weg zu gehen.

Am Waldrand bleibe ich stehen, atme tief ein und schaue mich um.
Das Rapsfeld liegt in der Nachmittagssonne vor mir
und dieser Duft! Oh, den könnte ich den ganzen Tag einatmen.
Hier bin ich alleine, keine Menschenseele in Sicht,
nur ich, begleitet von meinen Gedanken.
Es ist so schön und ich höre die Musik wieder in meinen Ohren.

Sommerregen

Ich warte wieder einmal darauf, dass dieses Nieseln endlich aufhört;
aus irgendeinem Grund löst es Melancholie in mir aus.
Alles verschwindet unter dem grauen Schleier und
der Weitblick, den ich so liebe, den gibt es auf einmal nicht mehr.

Über einen Sommerregen würde ich mich nicht beklagen;
der erinnert mich an ein Unwetter, das stürmisch kommt,
das die Kraft hat, alles zu säubern und glänzen zu lassen.
Diese Erinnerung weckt eine tiefe Sehnsucht in mir.

Als ich ein Kind war, regnete es im Sommer nur selten und
wenn der Regen endlich kam, dann mit voller Wucht.
Er kam, sorgte für Abkühlung und
genauso schnell verschwand er wieder.
Wie eine Furie wirbelte er über die ausgedörrten Felder,
reinigte die Wälder, spülte den dicken Staub vom Feldweg,
füllte den Bach mit Wasser, brachte Freude übers Land und
verzauberte uns mit einem riesigen Regenbogen.

Wertschätzung

Viele Male erklärte man mir,
dass wir hier mit Menschen immer
wertschätzend umgehen,
ohne mir dabei in die Augen zu schauen.
Wenn ich eine Frage stellte,
statt sie mir zu beantworten,
erklärte man mir ständig, was ich fragte,
als wurde ich selber nicht wiesen, was ich fragen will.
In solchen Situationen konnte ich nur noch denken:
Es stimmt, ich bin klein,
aber ich bin kein Kind mehr.
Es stimmt, ich bin eine Einwanderin,
aber meinen Verstand habe ich mitgenommen
und nicht bei meiner Einreise an der Grenze abgegeben.
Bitte behandelt mich nicht so!
Wo bleibt nun eure viel gepriesene Wertschätzung?

Willkommen

Ihr seid willkommen,
wir brauchen euch.
Gemeinsam werden wir
die Zukunft gestalten,
nur zusammen können wir stark sein!
Wir werden alles tun,
um euch zu unterstützen,
wir werden auf euch schauen,
dass es euch gut geht,
dass es euch an nichts fehlt und
dass ihr euch bei uns wie zu Hause fühlt.
Wir tun alles,
um euch in unsere Gesellschaft
aufzunehmen und zu integrieren.
Hoffentlich klappt es nicht.

Viki Paunovic wurde am 8. Februar 1964 im ehemaligen Jugoslawien geboren. Sie studierte an der Universität in Belgrad Organisationswissenschaften mit Schwerpunkt Informatik. Dort lebte sie bis zum jugoslawischen Krieg. 1991 kam sie nach Österreich, wo sie sich ein neues Leben aufgebaut hat. Sie ist verheiratet und Mutter einer erwachsenen Tochter.

Zum Schreiben und Übersetzen kam sie durch Zufall. Eines Tages bat eine Freundin sie für ein Schulprojekt um Hilfe. Es sollte ein Gedicht eigener Wahl ausgesucht und präsentiert werden. Kurze Zeit nach der Präsentation des Gedichts „Ein Gedicht für Dich" verstarb ihr Vater und sie begann, weitere Gedichte zu übersetzen. Aus einer Trauerbewältigungstherapie entstanden Übersetzungen einiger ausgewählter Sammlungen von Gedichten renommierter serbischer Dichter. Die Corona- Pandemie brachte sie dazu, nicht mehr nur die berühmten Lyriker der jugoslawischen Literatur zu übersetzen, sondern auch eigene Gedichte zu schreiben.